AF454669

LETTRE
D'UN BELGE

A SA MAJESTÉ

LOUIS XVIII,

ROI DE FRANCE.

TROISIÈME ÉDITION,

AUGMENTÉE DE NOTES ET D'EXTRAITS POUR SERVIR DE PREUVES.

> Tant que le sort de la patrie n'est point
> irrévocablement fixé, nous pouvons et
> nous devons faire entendre nos vœux.

A PARIS,

CHEZ LES MARCHANDS DE NOUVEAUTES.

1814.

L'accueil que le Public a daigné faire à cette petite brochure, dont deux éditions ont été épuisées en très-peu de jours, m'engage à en publier une troisième, plus correcte, plus belle et augmentée de quelques notes explicatives et de pièces à l'appui.

Je déclare, en conséquence, que je ne reconnaîtrai comme conformes à cette édition que les exemplaires empreints de mon chiffre particulier.

LETTRE D'UN BELGE

A SA MAJESTÉ LOUIS XVIII,

ROI DE FRANCE.

S I R E,

La main de la Providence a délivré l'Europe des excès d'un conquérant sans mesure, sans avenir, et vous a rendu le trône de vos pères. Les Belges s'en sont réjouis comme d'un bienfait auquel ils croyaient devoir participer : l'amour qu'ils portent à leur antique mère-patrie, leur respect pour vos vertus, leur confiance en votre administration paternelle, l'intérêt enfin bien entendu de leur pays et de la France, voilà leurs droits au bonheur d'appartenir à l'empire des lis. Ces droits ont été méconnus ; notre espoir a été trompé ; mais nos sentimens n'ont pas varié.

Au moment de notre délivrance, les vœux d'une portion de nos compatriotes appelaient la Maison d'Autriche à nous gouverner ; mais cette minorité influente par ses anciens titres et par l'autorité dont elle s'est emparée, ne voyait que la résurrection de ses prérogatives et non pas l'intérêt de la patrie. Elle ne songeait pas que dans des circonstances aussi imminentes, les Belges, trop éloignés du centre de l'autorité qui vivifie, et par leur position topographique exposés aux premières attaques, seraient sans cesse destinés aux malheurs des invasions armées ; qu'ils ne pouvaient être dédommagés ni suffisamment défendus par le gouvernement autrichien, dont la puissance active ne se fait réellement sentir qu'au-delà des bords du Rhin. Notre noblesse enfin, vingt ans privée de ses droits, vingt ans éloignée des emplois, redemandait naturellement les Princes qui l'avaient comblée de titres et lui avaient confié l'autorité. Penser autrement n'eût pas été généreux : les Belges ne sont pas ingrats. Mais la Providence n'a pas couronné ce vœu (1), et la Maison d'Autriche qui déja, par divers traités, avait abandonné notre pays, nous a dégagés de toute reconnaissance en nous livrant à l'Angleterre, qui nous afferme en sous-bail à la Maison de Nassau. Comme le reste de la nation Belge, notre noblesse tourne donc aujourd'hui ses yeux vers V. M., qui lui conservera ses droits, ses privilèges, ses titres, comme elle a rétabli ceux de sa belle noblesse de France.

Les ministres de notre religion, comme nous, comme leurs frères dans votre royaume, victimes des fureurs du Gouvernement qui n'est plus, s'éloignaient à regret de la France ; mais le retour de V. M., qui n'est que celui de la justice, de la religion et des bons principes, leur garantit qu'ils trouveront la sureté, la protection auprès du fils aîné de l'église, qu'ils ne peuvent espérer sous un

Gouvernement dont la religion n'est pas celle qu'ils enseignent, ni celle que nous professons.

Nos commerçans, nos propriétaires, nos capitalistes, nos cultivateurs, comme le reste de leurs compatriotes, comme l'univers entier, ont désiré voir un terme à la lutte sanglante qui dévorait, sans espoir et sans but probable, les générations et leurs ressources; mais ils ne s'attendaient point que ce terme serait l'époque de leur ruine. Ils savaient, comme moi, que ce qui seul pouvait la prévenir, c'était la réunion de la Belgique à la France. Un instant nous espérâmes que les puissances coalisées, vraiment animées du noble désir de rendre au monde une paix durable, nous réuniraient au trône de votre Maison : elles auraient comblé nos vœux et ceux de vos sujets ; elles auraient ainsi calmé les regrets des amis généreux de la France; elles auraient ôté tout prétexte de plainte aux mécontens, et pour jamais elles auraient étouffé un des plus anciens germes des guerres de l'Europe. Mais une politique dominatrice en a décidé autrement, et ce refus est d'autant plus humiliant pour la France, pour V. M., pour nous enfin qu'il est connu du monde entier que nous serions restés les sujets d'un homme trop dangereux encore s'il eût voulu capituler.

Quoi! Sire, tant que la conscription dévastait nos villes, nos campagnes; tant que des impôts odieux ruinaient nos propriétés; tant que des *exer-*

vices insupportables violaient nos domiciles, entravaient les relations intérieures et désolaient la population ; tant que nos ports ont été fermés, que le commerce n'a été que honte et que ruine ; tant qu'il a fallu donner et de l'or et du sang ; enfin, pendant vingt années que des sacrifices de toute espèce ont été demandés, et j'ajoute, faits avec résignation pour demeurer soumis à cette France dont nous avons adopté les mœurs et la langue, nous étions Français ! et maintenant que le retour de l'ordre, de la paix, de la liberté et du commerce est prêt à rendre à la France son antique prospérité, nous, enfans abandonnés, serons-nous livrés par lambeaux à la Prusse, à la Hollande, à l'Angleterre ? Ah ! Sire, daignez jetter un regard de complaisance sur ces belles contrées, et que vos vœux, comme ceux des Français, répondent aux nôtres. Nous sommes vos enfans, et nos anciens souverains ne furent que des grands vassaux de votre couronne (A) ; les rives du Jourdain les virent combattre sous les bannières de ce Saint Roi dont vous rappelez le nom et les vertus, et nos fils combattaient hier encore pour la France au milieu de ses phalanges guerrières.

Long-temps victimes de la tyrannie d'un homme qui meurt, sommes-nous destinés à devenir au-

---

(A) En passant sous la domination des Ducs de Bourgogne, une grande partie de la Belgique ne cessa point d'appartenir à la France, puisque la Maison de Bourgogne était cadette de celle de France.

jourd'hui victimes du despotisme d'un Gouvernement qui ne meurt point? Presqu'épuisés par les efforts d'un conquérant qui luttait envain contre sa destinée, nous sommes anéantis par nos *Libérateurs*, Si la conscription ne pèse plus sur nous, la *landwehr* nous menace. Si nous sommes affranchis des *droits réunis*, nous sommes accablés d'impôts et de charges militaires ; qu'avons-nous gagné? Rien. Qu'avons-nous perdu? Tout.

Le seul espoir du commerce nous soutenait, et loin de pouvoir nous y livrer avec sécurité, cet espoir ne devient qu'un appât mortel pour nos ressources. Resserrés, garottés par quatre lignes de douanes, nous les voyons se fermer impitoyablement à l'aspect de nos produits, et s'ouvrir avec complaisance pour inonder nos villes et nos campagnes de marchandises anglaises. Nos belles manufactures, élevées avec tant de peine, à tant de frais, au milieu des vicissitudes de la guerre, languissent et tombent au sein d'une trompeuse paix, sans espoir que leurs produits descendent jamais au vil prix des marchandises de l'étranger, que des primes indemnisent. Déjà nos ouvriers fuient en foule le sol qui les vit naître, et qui ne leur offre plus ni travail ni ressources. Nos mairies sont partout assiégées par des malheureux tisserands qui demandent des passe-ports à l'étranger. Un recensement fait dans la Flandre vient de prouver que nos fabriques n'emploient à peine que le cinquième des ouvriers occupés dans les plus mauvais momens de la guerre la plus désastreuse ; enfin, la dépopulation de nos belles provinces s'avance à grands pas, et ce que les fureurs du duc d'Albe, et l'aspect hideux de l'inquisition n'ont pu faire, sera l'ouvrage de nos *Libérateurs*.

Qui nous protégera dans cette décadence funeste ? Sera-ce l'Angleterre ? C'est elle qui soutire notre numéraire, c'est elle qui ruine nos fabriques. Son œil jaloux a déjà vu à quel degré de perfection se sont élevés nos mécaniques et nos produits. Elle a déjà compté avec rage les nombreux établissemens de manufactures que renferment nos cités, qui fleurissent dans nos campagnes (A). Elle a déjà calculé nos immenses capitaux : elle a vu notre population toute manufacturière, elle connait notre amour pour le travail, elle sait notre loyauté, et elle n'a point oublié que, moins opulente et moins fière, l'Angleterre, grace à l'inflexible tyrannie de Philippe II, nous dût ses meilleurs tisserands et ses meilleurs ouvriers en drap ; elle n'ignore point enfin les sources précieuses de notre prospérité, et l'Angleterre l'encouragerait ! Non, la Belgique serait bientôt une rivale qui, tôt ou tard échappant de

---

(A) Un commissaire anglais, en traversant nos campagnes, demandait chaque fois qu'il appercevait une maison de cinq à six croisées de façade, si ce n'était point une fabrique, et quelle que fût la réponse du Belge qui voyageait avec lui, il s'écriait : *il être beaucoup di fabrick dans vot pays.... beaucoup fort.... beaucoup trop !....*

ses mains, lui ravirait la préférence dans tous les marchés de l'Europe. L'intérêt de l'Angleterre est donc évidemment d'étouffer tous les élémens de notre prospérité.

Sera-ce la Hollande qui nous protégera ? La Hollande n'est plus qu'une province anglaise ; elle est au nord pour la Grande-Bretagne ce que le Portugal est au midi. D'ailleurs, en supposant l'indépendance de la Hollande, est-il de son intérêt d'encourager l'industrie et le commerce des Belges? En ce cas, Anvers seul dépeuplerait Amsterdam. Quel que soit le sort actuel ou futur de nos provinces, la Hollande ne se flatte pas plus que la Prusse de conserver à jamais la portion qui lui sera allouée. Y transportera-t-elle ses capitaux ? Y laissera-t-elle affluer ses ressources ? Non, la nature vaincue par ses efforts prodigieux n'en a pas moins marqué les limites de l'Empire Batave; là où finissent les miracles de la liberté et d'une patiente industrie, s'arrête le territoire hollandais. Jamais elle ne passera avec avantage cette terrible ligne du Brabant-Hollandais. Toutes ses excursions en-deça sont repoussées par la nature, la raison et ses moyens physiques. Mais, dit-on, la Hollande sera protégée par l'Angleterre.... et c'est ce funeste secours qui la tiendra dans la dépendance !.... et pour prix de notre esclavage, ce sera nous qui feront les frais énormes de l'entretien des armées anglaises, des places fortes qu'on parle d'élever, c'est à dire des fers qui vont à jamais nous séquestrer du monde politique et du domaine du commerce.

Serons-nous protégés par la Prusse? Bientôt..... que dis-je, déjà la Prusse doit chercher des secours contre nous-mêmes, contre la répugnance que nous inspire sa domination. Les Prussiens ont tout fait pour mériter notre haine ; jamais on ne poussa si loin les vexatious, l'abus de la force, la barbarie et les calamités de la guerre. D'ailleurs, la Prusse est pressée au Nord par une puissance justement jalouse de son extension démesurée : nous n'attendons, nous n'espérons, nous ne désirons rien d'elle : nous ne formons qu'un vœu, c'est de n'être plus sous sa domination.

Devons-nous compter sur l'Autriche? Cette puissance nous abandonne pour tourner toutes ses vues vers l'Italie ; et d'ailleurs, convenons-en, notre situation et nos privilèges la rendirent toujours indifférente à notre bien-être intérieur.

Nos craintes, déjà justifiées par les événemens présens, naissent de l'expérience des temps passés. Ce n'est point la première fois que le sort des armes a mis nos provinces sous la main des puissances qui nous gouvernent aujourd'hui. Nous n'avons pas oublié qu'après la belle campagne de Marlborough, en 1706, les anglais et les hollandais s'emparèrent du gouvernement des Pays-Bas, au nom de Charles III, Roi d'Espagne, (2) et qu'à l'abri d'un conseil d'état national, mais qui leur était vendu ou soumis (3), leurs commissaires rendirent, sous le titre de *réquisitions,* des arrêts meurtriers pour notre prospérité à peine renaissante. C'est du 23 Juin de cette même année que date la désastreuse *réquisition* qui annulla les belles ordonnances qu'avaient provoquées, en 1698 et 1699, les chambres de commerce de nos principales villes, en faveur des manufactures du pays, et à l'exclusion des produits de fabrique étrangère. A cette époque le commerce belge venait de s'affranchir du tarif onéreux de 1680, tarif consenti par l'ignorance et la faiblesse, et les commissaires des puissances maritimes s'empressèrent de le rétablir. Des canaux s'ouvraient pour faciliter nos relations dans l'intérieur : un arrêt des commissaires les faisait combler. L'Escaut fut rigoureusement fermé ainsi que les canaux y aboutissant, et des droits excessifs pesèrent sur le commerce pour le décourager et l'anéantir. C'est l'Angleterre et la Hollande qui firent confirmer tous ces actes destructeurs, par les art. 20, 21 et 26 (4) du malheureux traité d'Anvers, en 1715, connu sous le nom de *la Barrière* (5). C'est l'Angleterre et la Hollande qui, jalouses de notre industrie, ennemies de notre prospérité, soulevèrent toute l'Europe contre une compagnie de négocians établie à Ostende, et la firent dissoudre par l'Empereur même qui l'avait encouragée. C'est l'Angleterre et la Hollande qui, par l'art. 5 du traité de Vienne, en 1735, abolirent à jamais tout commerce et navigation des Pays-Bas vers les Indes orientales et occidentales, en nous laissant cependant la liberté dérisoire d'acheter les marchandises des Indes que les pavillons étrangers trouveraient bon d'importer ailleurs que chez nous. Et voilà les maîtres qu'on nous donne aujourd'hui, ou plutôt qu'on menace de nous donner ! Sire, tant que le sort de la patrie n'est point irrévocablement fixé, nous pouvons et nous devons faire entendre nos vœux. Ils retentissent d'un bout de la Belgique à l'autre, ils sont dans le cœur de tous mes compatriotes. Oui, Sire, notre salut est dans les lois de la France ; elle seule a intérêt à protéger notre commerce, à garantir nos droits, à conserver nos libertés, à soutenir notre religion ; elle seule en a la force. Il ne faut presque point d'armée pour la conquête de nos provinces : nos cœurs sont à vous, Sire, et quand vous le voudrez, 200,000 belges s'uniront au premier bataillon français qui viendra nous donner le titre de frères. Nous valons bien quelques colonies dont la ruine semble prochaine par le système de l'Angleterre. Et d'ailleurs le cabinet de St.-James a-t-il seul le droit de disposer de nous ?

Que la Russie, désormais affranchie de la crainte de vos armes, soutienne les intérêts du continent et s'oppose au despotisme anglais avec la même énergie qu'elle a détruit le despotisme qui n'est plus. La perte des Colonies serait-elle un épouvantail pour les nations qui en possèdent ? et la politique moderne admettrait-elle que pour les conserver il faut tout sacrifier à l'Angleterre? Non, Sire : il faut la paix sans doute, mais il faut avant tout l'indépendance des états ; sans elle on n'aura rien gagné dans la lutte d'où nous sortons , sans elle l'Europe n'a point vu finir les révolutions. Eh ! qu'importe au continent d'avoir brisé le joug qui pesait sur lui , s'il n'a fait qu'échanger les fers d'un peuple guerrier contre ceux d'un peuple de marchands ? Il est temps de consulter l'opinion et l'intérêt des peuples : voilà le secret de les rendre heureux et de consolider cette paix qui coûte tant de sacrifices au monde. Malgré tous les succès que s'attribue l'Angleterre , la France et la Russie peuvent seules en s'unissant, pacifier, affranchir l'Europe ; son bonheur est dans leur modération et sur-tout dans leur énergie. Jamais circonstance ne fut plus favorable , car l'univers rend hautement justice au caractère magnanime des deux plus grands Souverains que la Providence a pris plaisir à placer l'un au nord, l'autre au midi, comme deux poids égaux pour maintenir l'équilibre et la paix dans cette pauvre Europe qui en a tant besoin.

Quand la Russie étend sa domination et son influence au midi ; quand l'Autriche s'empare de l'Italie; quand la Prusse élève sa puissance au premier rang, la France, fière de cinq cent mille héros, se replierait humiliée dans des limites hors de proportion avec l'accroissement des puissances voisines, et se verrait en pleine paix assiégée par une armée anglaise qui pèse sur notre territoire et menace vos frontières dont elle convoite les forteresses! Que V. M., dont les vertus pacifiques rassurent l'Europe, ajoute à cette gloire celle de relever les destinées de notre patrie; elle le peut sans tirer l'épée (6). Que V. M. garantisse les nouvelles conquêtes de ses voisins au prix de la possession de nos provinces. La Hollande sent qu'elles lui sont inutiles et qu'elles lui échapperont au premier coup de canon : si l'Angleterre s'oppose à la réunion des Pays-Bas à votre couronne, et menace de s'emparer de vos Colonies, n'a-t-elle point aussi dans ce continent des *colonies* dont on peut s'emparer (7)? Ne trouverez-vous point au sein même du congrès des princes qu'épouvantent son monopole et sa puissance, et qui la menaceront de l'exclure de leurs marchés? Ce qu'elle perdrait l'emporte sur ce qu'elle pourrait envahir, et d'après les énormes sacrifices qu'elle vient de faire et qu'elle fait tous les jours pour maintenir une domination au-dessus de ses moyens physiques, l'Angleterre se gardera bien de porter atteinte à son crédit par une guerre qui compromettrait dans une seule campagne toutes les forces de sa Monarchie. Enfin, Sire, au moment où l'on décide de si grands intérêts, n'abandonnez point sans retour des peuples qui vingt ans appelèrent la France du doux nom de mère-patrie, et qui seraient si glorieux de se dire les sujets fidèles du plus juste, du plus sage et du plus éclairé des Rois.

C'est dans ces sentimens que je suis avec le plus profond respect,

Sire,

de Votre Majesté,

Le très-humble et très-obéissant serviteur,

J. V. MELLE.

NOTES.

(1) Des tentatives récentes, faites par un Intendant que je ne veux pas nommer, afin d'engager le Conseil municipal d'une ville de la Flandre à demander au Congrès la réunion de nos provinces à l'Autriche, prouvent par leur inutilité que ce vœu n'est plus celui de la Nation, mieux éclairée aujourd'hui sur ses véritables intérêts.

(2) Ce fut après la bataille de Ramillies, que les puissances maritimes (l'Angleterre et la Hollande), gouvernèrent les Pays-Bas, au nom de Charles III, compétiteur de Philippe, au trône d'Espagne; ce Prince ayant succédé à l'Empereur Joseph I.er, mort sans enfans mâles, prit le nom de Charles VI, et les actes du gouvernement des Pays-Bas furent faits alors au nom de Charles VI.

(3) Pour l'honneur d'un pays, de tous temps connu par le patriotisme de ses habitans, il est juste de dire que le Conseil d'Etat, formé par les puissances maritimes, pour devenir l'instrument de leur despotisme, était subordonné à une Commission de députés anglais et hollandais qu'on nommait *la Conférence ;* cette Commission intimait au Conseil d'Etat, dépourvu de toute autorité, les ordres de la Reine d'Angleterre et des Etats-généraux, sous le titre de réquisition. Un tel état de violence a seul pu revêtir d'une espèce de forme légale, des actes qui ruinaient le commerce des Pays-Bas.

(4) Art. 20 et 21 du Traité de la Barrière.

L'Empereur confirme les capitulations accordées aux villes des Pays-Bas ainsi que tout ce qui a été fait pendant le temps que les puissances maritimes ont eu l'administration de ces provinces.

Art. 26. « Pour ce qui regarde le commerce, les droits continueront
« à être levés dans les Pays-Bas, à l'égard de la Grande-Bretagne et
« des provinces unies, sur le même pied qu'on les lève à-présent, sans
« qu'il puisse y être fait aucun changement, jusqu'à ce que les trois
« puissances en conviendront autrement, par un traité de commerce à
« faire le plutôt qu'il se pourra, demeurant au reste, le commerce entre
« les Pays-Bas autrichiens et les provinces unies, sur le pied du Traité
« de Munster. »

Ce Traité de Munster portait, entr'autres clauses, art. 14 : l'Escaut, les canaux de Satzwin et autres bouches de mer y aboutissant, seront

tenus clos du côté des états. Les art. 5 et 6 interdisaient toute navigation aux Indes.

Quant au traité de commerce, il n'en fut plus question : vainement
l'art. 5 du traité de Vienne de 1731, renouvelle cet engagement ; les
puissances maritimes parvinrent non-seulement à s'y soustraire,
mais à mettre de nouvelles entraves au commerce des Pays-Bas. Enfin,
ce ne fut qu'après le Traité d'Aix-la-Chapelle, que Marie-Thérèse
osa autoriser notre gouvernement à modifier ses tarifs.

(5) Traité de la Barrière.

Voici ce qu'en dit M. De Neny, dans ses mémoires historiques et
politiques des Pays-Bas autrichiens. « Le Traité de la Barrière
« répandit la plus vive consternation dans les provinces, parce qu'elles
« se voyaient assujetties aux Hollandais, jaloux de leur prospérité et
« de leur commerce ; la clameur fut générale. Les états de Brabant et
« de Flandre représentèrent à l'Empereur, par des députés envoyés
« à Vienne, tout le préjudice qui en résulterait pour sa dignité et
« pour l'intérêt de ses peuples ; ainsi que l'impossibilité d'exécuter ce
« Traité sans anéantir les privilèges des provinces, vu qu'on y enga-
« geait leurs subsides aux Hollandais, comme un domaine fixe que
« le Souverain pouvait aliéner ; tandis que les subsides dépendent
« du libre consentement des états. »

Au reste., ce Traité est la preuve que toutes les combinaisons les
plus savantes de la politique ne sauraient résister aux simples idées
de convenance, quand elles sont répandues chez une Nation qui
raisonne. A peine indépendans par le traité de Munster, les Hollandais imaginèrent qu'il fallait mettre une barrière entr'eux et la
France dont ils craignaient l'ambition. Cette idée devint pour ainsi-
dire populaire et la base fondamentale de leur politique. La guerre
de la succession leur offrit bientôt une occasion favorable, et le
pacte célèbre, connu sous le nom de *la grande alliance*, la conduisit
à ce but, atteint par le Traité de la Barrière, traité qui rendit les états-
généraux maîtres des Pays-Bas. Ainsi s'accomplira sans doute avec
plus de rapidité, avec plus de justice et de convenance réciproques,
le système qui domine en France, d'appuyer ses barrières aux bords
du Rhin, au pied des Alpes et des Pyrénées. On ne saurait trop
nationaliser cette idée ; car elle ne rencontrera certainement pas
d'opposition chez les peuples qui séparent la France de ces limites
naturelles : leurs intérêts s'y trouvent. L'exécution de ce système,
juste récompense des grands sacrifices et des nombreuses victoires de

la France, couvrira de gloire le Souverain généreux qui l'accomplira. Français !... fils de l'honneur et de la victoire, braves guerriers dont les exploits ont étonné l'univers, que tout intérêt personnel cède aux grands intérêts de la patrie. La chute d'un homme qui trahit votre espoir, qui si souvent vous conduisit à des succès inutiles et sanglans, enfin à des revers sans exemple, n'a point flétri vos lauriers. Pourrait-elle vous rendre étrangers à la gloire de la patrie, à la voix de vos anciens frères d'armes ? Vous qui si souvent fîtes le sacrifice de votre vie, des sacrifices moins précieux vous seraient-ils difficiles aujourd'hui ? Vous seuls pouvez rendre à la France cette attitude imposante, sans laquelle tous les vœux sont stériles. Rappelez-vous tout ce que vous avez fait, tout ce que vous avez pu, ne perdez point le fruit de tant de belles actions; couronnez-les par l'amour de vos devoirs, par l'attachement à vos Rois. Ralliez-vous autour du trône des Bourbons, et quand l'Europe verra qu'un seul sentiment, celui de la gloire nationale, réunit, enflamme les héros, les enfans et le père de la patrie, alors tout sera facile au gouvernement paternel que le ciel vous a rendu, alors les Princes de l'Europe écouteront ses justes prétentions, alors renaîtront l'espérance et la prospérité de la France. Grande et paisible dans des limites inattaquables, heureuse par ses enfans adoptifs, fière de ses braves défenseurs, elle fera tout pour vous, parce qu'elle vous devra une gloire durable et un bonheur sans alarmes.

(6) Tant que la politique routinière qui reposait sur un vain système d'équilibre en Europe, s'opposa à ce que la France possédât les Pays-Bas, il ne se tira pas un seul coup de canon, que nous n'en fussions victimes. Excepté la guerre de 1753 pour la couronne de Pologne, à la moindre querelle, à la moindre chicane, nos provinces étaient ravagées par des armées qui nous écrasaient pour nous conquérir, ou pour nous défendre.

Une fois seulement on s'avisa de penser qu'il ne convenait point au repos du continent, sur-tout au sort de la maison d'Autriche, de prendre parti pour les différens interminables des Anglais contre la France, et l'on renonça à l'habitude des alliances d'autant plus facilement, que ce fameux système d'équilibre venait d'être détruit par l'Angleterre, en favorisant l'agrandissement monstrueux de la maison de Brandebourg. Cette révolution fit éclore le Traité d'alliance entre la maison d'Autriche et la France, en 1756. Toutes les vieilles perruques politiques furent déroutées, l'Angleterre cria, s'unit à la Prusse;

mais de cette époque n'en résulta pas moins pour nous cette longue paix, si favorable à notre agriculture, et que troubla seulement un instant, pour la raffermir ensuite, la Révolution française, à laquelle il semblait que Joseph II eût préparé nos esprits. D'après cet essai, ne peut-on pas imaginer que la maison d'Autriche, qui a renoncé aux Pays-Bas, en assurerait aisément la possession à la France, si celle-ci s'engageait à lui garantir ses possessions, soit en Italie, soit en Allemagne; et si l'Autriche s'y refusait, la France ne trouverait-elle pas, au même prix, une telle garantie dans la Prusse? Trop heureuse d'acheter ainsi une aussi puissante alliance! ah! si la France, animée d'un bon esprit, le voulait sans secours étrangers!... personne n'oserait attaquer dans ses limites, une Nation guerrière, qui défendrait avec courage ce que la nature, la victoire et la justice ont déclaré devoir être désormais sa récompense et son patrimoine.

(7) Le siège inattaquable du gouvernement anglais étant à Londres : toutes ses possessions sur le continent sont des Colonies. Le Hanovre, le Portugal, la Hollande et les Pays-Bas, voilà des Colonies anglaises; par-tout où leur commerce domine, voilà des Colonies anglaises; et, dans ce sens, ces Colonies sont aussi exposées que celles des puissances du continent d'Europe le sont dans les Deux-Indes. Est-il donc si difficile de faire comprendre aux Princes que leur intérêt et leur gloire consistent à s'affranchir de la domination d'un peuple qui tire toute sa force du commerce et du monopole? Sous un Roi juste comme celui que la France a rappellé, on ne soupçonnera point que c'est un piège tendu par l'ambition.

On a dit que l'Angleterre avait rendu les Colonies françaises, à condition que la France renoncerait aux Pays-Bas, et que si cette Puissance s'emparait de nouveau de nos provinces, l'Angleterre à son tour se rendrait maîtresse de ces Colonies; et des esprits superficiels ont regardé cette alternative comme une belle combinaison politique. D'abord, il est aisé de voir que la position respective de ces deux Nations changera sous peu. Ni l'une, ni l'autre ne sont assises sur des bases convenables; mais sans entamer le chapitre des suppositions, je le demande, l'Angleterre a-t-elle rendu à la France toutes ses Colonies, pour exiger que la France renonce à jamais à toutes ses conquêtes? Lorsque maître de Berg-op-Zoom et de Maëstricht, Louis XV menaçait la Hollande, l'Angleterre, toute victorieuse qu'elle était sur mer, s'empressa de faire la paix, et par le Traité d'Aix-la-Chapelle (1748), elle compensa, par les Colonies qu'elle avait prises, les conquêtes que la France céda ; mais aujourd'hui l'Angleterre a-t-elle tout rendu ? De bonne foi un pareil Traité est-il raisonnable ? Il est vrai qu'elle rend Saint-Domingue ; dont la conquête sera d'autant plus coûteuse à la France, que l'Angleterre alimente la révolte et vend des provisions et des frégates aux ridicules Rois d'Haïti. Après tout, il n'y aurait qu'un calcul à faire : que rendent les Colonies à la France ? Combien rendraient les Pays-Bas ?